당신이 기도를 시작하면
성령님이 도우십니다!

나의 _____ 번째 기도와 기도 간증의 기록

Date . . ~ . .

Name

# 한시간
# 기도노트

유기성 지음

규장

## 기도를 적으며 기도하면서
## 주님과의 친밀함을 훈련하세요!

《한 시간 기도》(규장) 책이 나온 후 실제로 한 시간 기도를 시작한 사람들이 많습니다. 그리고 영적으로 강하여졌다는 고백을 듣습니다. 그전 같으면 시험에 들었을 상황인데 극복하게 되었다는 것입니다.

**한 시간 기도를 강권하신 이유**

그러나 한 시간 기도가 개인에게만 유익한 것은 아닙니다. 한 시간 기도운동 후 우리나라도, 세계도 초비상이 되어 기도하지 않고서는 감당할 수 없는 많은 일들이 생겼습니다. 그래서 하나님께서 '한 시간 기도'를 강권하셨음을 깨달을 수 있었습니다.

우리는 예수 그리스도 안에서 기도할 수 있는 은혜를 받은 자입니다. 하나님을 아버지라 부르며 기도할 수 있는 것은 우리가 받은 가장 큰 복입니다. "구하라 그러면 너희에게 주실 것이요" 하신 말씀은 진정 주님의 약속입니다. 우리에게는 나라와 민족과 열방을 위하여 기도할 권세가 있습니다. 우리가 이 사실을 믿는다면 지금이야말로 비상한 기도에 들어가야 할 것입니다.

**기도는 주님이 하시는 일이다!**

기도를 쉽게 생각하는 사람들이 있습니다. '기도만 하면 다냐?'는 식으로 말하는 사람이 있습니다. 아마 기도하지 않는 사람일 것입니다. 기도하는 분들이라면 다 공감하겠지만 기도는 우리가 할 수 있는 일 중에 가장 어려운 일입니다. 많은 목회자들도 기도의 부족을 느끼며 불안해하지만 그런다고 기도가 되는 것은 아닙니다. 기도는 결코 자연스러운 일이 아닙니다.

'행동이 곧 기도'라는 말도 있지만 엄밀히 말하면 기도와 행동은 다른 영역입니다. 골방기도가 없으면 하나님의 역사는 없습니다. 기도는 우리 힘으로 할 수 있는 일이 아닙니다. 전적으로 하나님께서 하시는 일입니다.

성령은 기도의 영이십니다. 기도할 때 하나님께서 기도의 기쁨을 주시지 않는다면 그런데도 기도할 수 있는 사람은 아무도 없을 것입니다. 응답되지 않는 기도가 있습니까? 하나님께서 내일 응답하시기로 결정하실 수도 있기에, 저는 기도를 포기하지 않습니다!

**한 시간 기도를 돕는 기도노트**

위대한 믿음의 사람들은 오랜 시간 기도했던 사람들이었습니다. 믿음과 순종이 없다면 기도를 시작할 수도 없습니다. 억지로 기도의 자리로 나아갔다면 그 자체만으로도 큰 승리입니다. 기도가 정말 살고 죽는 문제임이 깨달아지는 오늘의 현실 앞에 더 많은 분들이 한 시간 기도를 드리며, 주 안에서 힘과 쉼을 얻으면 좋겠습니다. 이에 한 시간 기도를 하려는 분들을 격려하고 돕는 마음으로 이 노트를 출간합니다. 기도를 적으며 기도하면서 주님과의 친밀함을 훈련할 수 있기를 바랍니다.

**예수동행기도**

그리고 한 시간 기도를 돕기 위하여 기도 사이트도 만들었습니다. 예수동행기도www.praywithjesus.org입니다. 네이버와 구글에서 ‘예수동행기도’를 검색하셔도 됩니다. 애플 앱스토어나 구글 플레이스토어에서 ‘예수동행기도’로 앱을 다운받아서 사용하실 수 있습니다.

이 기도 홈페이지는 기도 정보만이 아니라 실제로 성도가, 교회가 기도할 수 있도록 섬기는 홈페이지입니다. 매일 찬양하고, 말씀을 읽고 묵상하고, 하나님나라를 위하여, 남북의 복음통일을 위하여, 한국과 한국교회를 위하여, 긴급한 열방을 위하여, 개교회를 위하여, 개인의 기도제목으로 홈페이지의 영상을 따라 하다보면 한 시간을 기도할 수 있도록 만들었습니다.

저희 교회는 2016년 2월 10일부터 ‘매일합심기도’를 시작하였습니다. 하나님께서는 이것을 ‘한 시간 기도운동’으로 이어지게 하셨습니다. 그러면서 좀 더 많은 그리스도인들이 한 시간 기도를 할 수 있겠다는 마음이 들었습니다. 이 일이 《한 시간 기도노트》와 ‘예수동행기도’ 홈페이지를 통해 가능해질 것입니다.

유기성

한 시간 기도운동의 목표는
한 시간을 온전히 기도하는 것입니다.
《한 시간 기도노트》는 90일간 '한 시간 기도'를 기록하며
기도하는 훈련과 30일간 '매일합심기도'를 집중적으로
훈련해볼 수 있도록 준비되었습니다.
<한 시간 기도>를 하기 위해 먼저 잠잠히 예수님을
바라봅니다. 주님 안에 거하는 것이 기도입니다.

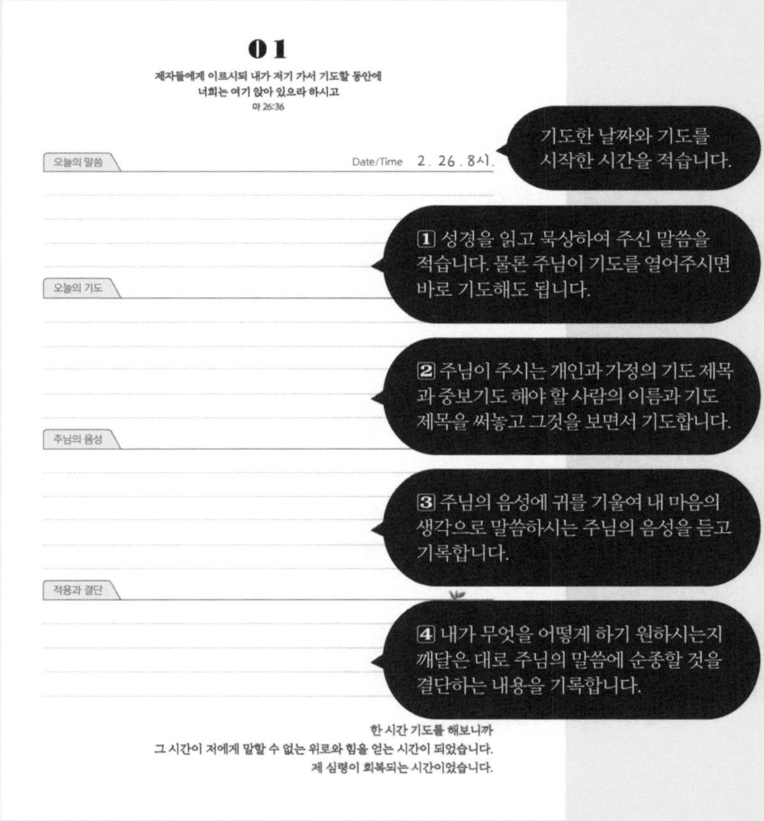

01
제자들에게 이르시되 내가 저기 가서 기도할 동안에
너희는 여기 앉아 있으라 하시고
마 26:36
오늘의 말씀
Date/Time 2. 26. 8시.
기도한 날짜와 기도를 시작한 시간을 적습니다.
1 성경을 읽고 묵상하여 주신 말씀을 적습니다. 물론 주님이 기도를 열어주시면 바로 기도해도 됩니다.
오늘의 기도
2 주님이 주시는 개인과 가정의 기도 제목과 중보기도 해야 할 사람의 이름과 기도 제목을 써놓고 그것을 보면서 기도합니다.
주님의 음성
3 주님의 음성에 귀를 기울여 내 마음의 생각으로 말씀하시는 주님의 음성을 듣고 기록합니다.
적용과 결단
4 내가 무엇을 어떻게 하기 원하시는지 깨달은 대로 주님의 말씀에 순종할 것을 결단하는 내용을 기록합니다.
한 시간 기도를 해보니까
그 시간이 저에게 말할 수 없는 위로와 힘을 얻는 시간이 되었습니다.
제 심령이 회복되는 시간이었습니다.

<매일합심기도>를 통해서도 하나님의 나라를 위해,
나라와 민족과 열방과 교회를 위해 기도할 수 있는 권세로
주님이 주신 기도의 축복을 누리시기 바랍니다.

# 한시간 기도

# 01

**제자들에게 이르시되 내가 저기 가서 기도할 동안에**
**너희는 여기 앉아 있으라 하시고**

마 26:36

오늘의 말씀 Date/Time . . .

오늘의 기도

주님의 음성

적용과 결단

한 시간 기도를 해보니까
그 시간이 저에게 말할 수 없는 위로와 힘을 얻는 시간이 되었습니다.
제 심령이 회복되는 시간이었습니다.

# 02

**믿음의 주요 또 온전하게 하시는 이인 예수를 바라보자**

히 12:2

오늘의 말씀 Date/Time . . .

오늘의 기도

주님의 음성

적용과 결단

한 시간 기도하려면 침묵기도를 배워야 합니다.
기도의 매우 중요한 단계는
침묵으로 주님을 바라보는 시간을 갖는 것입니다.

# 03

아론과 훌이 한 사람은 이쪽에서,
한 사람은 저쪽에서 모세의 손을 붙들어 올렸더니
그 손이 해가 지도록 내려오지 아니한지라
출 17:12

오늘의 말씀 Date/Time . . .

오늘의 기도

주님의 음성

적용과 결단

여러분에게 기도의 짝이 있는지 확인해보시기 바랍니다.
여러분이 기도를 중단하지 않도록 여러분을 지켜주고, 도와주고,
중보해줄 수 있는 아론과 훌이 누구입니까?

# 04

**두세 사람이 내 이름으로 모인 곳에는**
**나도 그들 중에 있느니라**

마 18:20

오늘의 말씀 Date/Time . . .

오늘의 기도

주님의 음성

적용과 결단

주님은 저 혼자만의 기도를 원하지 않으셨습니다.
만약 한국 교회 성도들이 한 시간 기도하기 시작한다면
한국 교회는 반드시 개혁될 것이라는 생각도 들었습니다.

# 05

어찌하여 자느냐 시험에 들지 않게
일어나 기도하라 하시니라
눅 22:46

오늘의 말씀 Date/Time . . .

오늘의 기도

주님의 음성

적용과 결단

'나는 왜 이렇게 문제가 많아서 기도할 수밖에 없나?' 하는 생각을 하십니까?
지나고 보면 기막힌 하나님의 축복의 때였음을 알 수 있습니다.
'나는 특별히 기도할 문제가 없어' 오히려 그것이 두려운 일입니다.

# 06

아버지여, 아버지께서 내 안에, 내가 아버지 안에 있는 것같이
그들도 다 하나가 되어 우리 안에 있게 하사
세상으로 아버지께서 나를 보내신 것을 믿게 하옵소서
요 17:21

오늘의 말씀 Date/Time . . .

오늘의 기도

주님의 음성

적용과 결단

기도는 무언가 얻는 비결을 가르쳐주는 것이 아니라
"아버지라고 믿으라", "마음껏 구하라",
"아버지와의 친밀한 관계를 누리라"는 것입니다.

# 07

기도하여 이르되 여호와여 원하건대 그의 눈을 열어서 보게 하옵소서 하니
여호와께서 그 청년의 눈을 여시매 그가 보니
불말과 불병거가 산에 가득하여 엘리사를 둘렀더라

왕하 6:17

오늘의 말씀 Date/Time . . .

오늘의 기도

주님의 음성

적용과 결단

우리는 무엇이 진짜 좋은 것인지, 어떤 것이 진짜 복된 것인지 기도하고
응답을 받아야 합니다. 어려워도 쉽게 낙심하지 말고,
편안하다고 쉽게 안심하지 말고 하나님의 인도를 받아야 합니다.

저에게도 무거운 짐이 많습니다.
때때로 이유 없이 스트레스를 받거나 걱정이 몰려와
밤에 잠이 오지 않을 때도 있습니다.

그런데 기도의 자리에 나가보니까
정말 마음이 쉼을 얻는 것 같습니다.
'언제 이런 은혜와 회복을 누릴 수 있을까?' 하는
생각이 들 정도였습니다.

기도는 주님을 만나는 시간입니다.
기도에 능력이 있는 이유는
기도가 주님과의 확실한 교제 시간이기 때문입니다.
기도는 우리를 힘들게 하는 게 아니라
힘을 얻게 해줍니다.

우리가 기도하지 않으니까
도리어 삶이 힘든 것입니다.
기도를 하면 삶 자체가 쉬워집니다.
그것이 기도입니다.

# 08

너희는 여기 머물러 나와 함께 깨어 있으라 하시고

마 26:38

오늘의 말씀 Date/Time . . .

오늘의 기도

주님의 음성

적용과 결단

주님이 말씀하신 기도가 얼마나 쉬운 것인지 모릅니다.
그저 주님 앞에 앉아 깨어 있는 것,
기도의 자리를 만들고 "주님!" 하고 부르는 것입니다.

# 09

그러므로 너희 죄를 서로 고백하며
병이 낫기를 위하여 서로 기도하라
의인의 간구는 역사하는 힘이 큼이니라

약 5:16

## 오늘의 말씀

Date/Time . . .

## 오늘의 기도

## 주님의 음성

## 적용과 결단

죄를 자백하고 기도하는 것이 강력한 기도가 됩니다.
그 기도의 은혜를 계속 누리려면
예수님의 십자가의 은혜를 항상 붙잡아야 하는데, 그 방법이 회개입니다.

# 10

**왕이신 나의 하나님이여 내가 주를 높이고**
**영원히 주의 이름을 송축하리이다**
시 145:1

오늘의 말씀 Date/Time . . .

오늘의 기도

주님의 음성

적용과 결단

매일 한 시간씩 꾸준히 기도하는 이유가 뭡니까?
예수님이 나를 다스리시고, 나의 왕이 되시고, 내가 예수님이 원하시는 대로 말하고
행동하게 되기 때문에 한 시간 기도하는 것입니다.

# 11

**우리는 하나님의 동역자들이요**

고전 3:9

오늘의 말씀 Date/Time . . .

오늘의 기도

주님의 음성

적용과 결단

기도로 하나님과 동역할 때 반드시 명심할 것은
되어지는 일을 바라보는 것이 아니라 하나님을 바라보아야 한다는 것입니다.
그 초점을 하나님께 맞춰야 합니다.

# 12

내 안에 거하라 나도 너희 안에 거하리라
가지가 포도나무에 붙어 있지 아니하면 스스로 열매를 맺을 수 없음 같이
너희도 내 안에 있지 아니하면 그러하리라
요 15:4

## 오늘의 말씀

Date/Time . . .

## 오늘의 기도

## 주님의 음성

## 적용과 결단

기도 시간만큼은 주님이 나와 함께 계심을 실제로 믿고 누리는 것입니다.
그러므로 기도 시간은 제게 행복한 시간, 쉬는 시간,
새 힘을 얻는 시간입니다.

# 13

조금 나아가사 얼굴을 땅에 대시고 엎드려 기도하여 이르시되
내 아버지여 만일 할 만하시거든 이 잔을 내게서 지나가게 하옵소서
그러나 나의 원대로 마시옵고 아버지의 원대로 하옵소서 하시고

마 26:39

오늘의 말씀 Date/Time . . .

오늘의 기도

주님의 음성

적용과 결단

사람에게 의논하고 사람을 의지하여 여기저기 기웃거릴수록
시험과 연단이 더 길어질 뿐입니다.
우리의 우선순위는 먼저 하나님께 나아가는 것입니다.

# 14

**너희가 내 안에 거하고 내 말이 너희 안에 거하면**
**무엇이든지 원하는 대로 구하라 그리하면 이루리라**
요 15:7

오늘의 말씀 Date/Time . . .

오늘의 기도

주님의 음성

적용과 결단

'주님이 뭘 원하실까?
나는 이렇게 하기 원하는데, 주님의 생각은 어떠실까?'
우리 안에서 기도를 일으켜 기도하게 하시고 응답하시는 분은 성령님입니다.

여러분이 지난 한 주간 열심히 기도해보려고
다짐해도 잘 안 됐다면 너무 당연한 결과입니다.
마귀가 절대로 기도는 하지 말라고 타협해올 것입니다.

'5분 정도 기도하는 건 괜찮아. 10분쯤은 괜찮아.
그런데 한 시간은 하지 마!
너무 힘들잖아? 시간 없잖아?
너 해봤잖아? 안 되잖아?' 이런 생각이 든다면
마귀가 지금 여러분의 마음에 속삭이고 있는 것입니다.

기도에 대한 가장 중요한 교훈은
실제로 기도하는 것입니다.
제가 기도를 해보니까 한 시간 기도의
가장 어려운 고비는 기도를 시작하는 것이었습니다.
그런데 우리가 기도를 시작하면
성령님이 도우십니다.
기도의 자리에 가서 앉으면
그다음부터는 성령님이 이끄십니다.

이제 우리는 무조건 기도로 살아야 합니다.
내 삶의 최우선순위가 '기도'가 되어야 합니다.

# 15

**내가 아버지 안에 거하고**
**아버지께서 내 안에 계심을 믿으라**
요 14:11

오늘의 말씀　　Date/Time　.　.　.

오늘의 기도

주님의 음성

적용과 결단

기도가 잘 안 되면 “주님, 저 주님 앞에 이렇게 왔습니다” 하고 가만히 있어도 됩니다.
주님이 “내 안에 거하라. 나와 함께 앉아 있으라”고 하신 것이
기도이기 때문입니다.

# 16

지금까지는 너희가 내 이름으로 아무것도 구하지 아니하였으나
구하라 그리하면 받으리니 너희 기쁨이 충만하리라
요 16:24

오늘의 말씀

Date/Time . . .

오늘의 기도

주님의 음성

적용과 결단

주님과의 친밀함이 깊어지기 시작하면 기도는 기쁨이 됩니다.
사랑하는 사람을 만나 자꾸 대화하고 싶은 것은 본능입니다.

# 17

**일을 행하시는 여호와, 그것을 만들며 성취하시는 여호와,**
**그의 이름을 여호와라 하는 이가 이와 같이 이르시도다**

렘 33:2

오늘의 말씀 Date/Time . . .

오늘의 기도

주님의 음성

적용과 결단

우리의 기도가 이전에는 녹슬고 무딘 칼 같았다면,
무딘 칼도 갈고 또 갈면 날이 서고 아주 잘 드는 칼로 바뀌는 것처럼
기도도 그렇게 하자는 것입니다.

# 18

**시험에 들지 않게 깨어 기도하라**
**마음에는 원이로되 육신이 약하도다 하시고**

마 26:41

오늘의 말씀 Date/Time . . .

오늘의 기도

주님의 음성

적용과 결단

환난이 오고 시험이 오고 두려운 일이 생기고
어떻게 해야 할지 모르는 난감한 상황에 빠질 때
가장 먼저 기도의 자리로 나아가야 합니다.

# 19

아버지여 내 말을 들으신 것을 감사하나이다
항상 내 말을 들으시는 줄을 내가 알았나이다
요 11:41,42

오늘의 말씀 Date/Time . . .

오늘의 기도

주님의 음성

적용과 결단

"주님, 어떻게 하지요?" 우리는 계속해서 말할 수 있습니다.
눈에 보이지 않지만 분명히 함께하시는 주님께 물을 수 있습니다.

# 20

내 영혼아 네가 어찌하여 낙심하며 어찌하여 내 속에서 불안해 하는가
너는 하나님께 소망을 두라
그가 나타나 도우심으로 말미암아 내가 여전히 찬송하리로다
시 42:5

오늘의 말씀 Date/Time . . .

오늘의 기도

주님의 음성

적용과 결단

기도는 선택이 아닙니다. 기도하지 않으면 죽기 때문입니다.
기도하지 않을 가능성 자체를 없애야 합니다.
무조건 먼저 기도해야 합니다.

# 21

**너희가 나와 함께 한 시간도 이렇게 깨어 있을 수 없더냐**
**시험에 들지 않게 깨어 기도하라**

마 26:40,41

오늘의 말씀 Date/Time . . .

오늘의 기도

주님의 음성

적용과 결단

"네가 한 시간도 깨어 있을 수 없더냐?"라고 하는 주님의 음성이
천둥소리처럼 들려야 합니다.

중국에서 선교 사역을 하던 허드슨 테일러가
극도로 쇠약해지며 몸을 움직일 수 없게 되었습니다.
그의 행동반경은 네 모서리를 가진 작은 침상 위였습니다.
그의 침대 발치에 중국 지도가 걸려 있었고
또 하나가 있다면 그것은 주님의 임재하심이었습니다.

이제 그는 병상에서 연필도 잡을 수가 없었습니다.
그러나 그는 기도했고 중국 선교를 위해
기도해달라는 내용의 기사를 신문사에 의뢰하였습니다.

“이 글을 읽는 기독교인에게 호소합니다.
귀하께서 지금 바로 1분만
하나님께 진심으로 기도해주십시오.
중국 복음 사업을 위하여 18명의 선교사를
보내주실 것을 기도하여주십시오.”

그가 병상에서 인내하며 기다리는 동안
놀랍게도 18명의 선교사가 찾아왔습니다.
오직 기도의 역사였습니다. 그는 이렇게 간증했습니다.

“제가 건강해서 18명의 선교사를 구하느라 열심히 뛰었다면
아마 제 힘으로 이들을 보내서
선교했을 거라고 생각했을 것입니다.
그러나 반대로 제가 병상에 있었기 때문에
완전한 기도의 응답으로 하나님께서 역사하신 것입니다.”

# 22

그런즉 너희는 먼저 그의 나라와 그의 의를 구하라
그리하면 이 모든 것을 너희에게 더하시리라
마 6:33

오늘의 말씀 Date/Time . . .

오늘의 기도

주님의 음성

적용과 결단

하나님의 나라를 위해서 기도하지 않는 사람은 하나님의 나라에 갈 수도 없습니다.
하나님의 나라를 위해 기도하지 않았는데
어떻게 하나님의 나라를 응답으로 받을 수 있겠습니까.

# 23

모든 기도와 간구를 하되 항상 성령 안에서 기도하고
이를 위하여 깨어 구하기를 항상 힘쓰며 여러 성도를 위하여 구하라
엡 6:18

오늘의 말씀 Date/Time . . .

오늘의 기도

주님의 음성

적용과 결단

나를 한 시간 기도하게 해주는 분은 주님이십니다.
주님만이 그 일을 하게 하시고, 주님이 하셔야 가장 아름답습니다.
또 오래 지속할 수 있습니다.

# 24

네가 네 아들 네 독자까지도 내게 아끼지 아니하였으니
내가 이제야 네가 하나님을 경외하는 줄을 아노라
창 22:12

오늘의 말씀 Date/Time . . .

오늘의 기도

주님의 음성

적용과 결단

한 시간 기도는 우리를 변화시킵니다.
한 시간 기도운동에 임하는 믿음의 자세는 완전한 순종입니다.

# 25

진실로 너희에게 이르노니
무엇이든지 너희가 땅에서 매면 하늘에서도 매일 것이요
무엇이든지 땅에서 풀면 하늘에서도 풀리리라
마 18:18

오늘의 말씀 Date/Time . . .

오늘의 기도

주님의 음성

적용과 결단

하나님께서는 한두 사람이나 일정한 지역이 아닌,
나라와 민족과 전 세계에 영향력을 끼칠 수 있는 놀라운 힘을 우리에게 주셨습니다.
그것이 바로 기도입니다.

# 26

진실로 다시 너희에게 이르노니 너희 중의 두 사람이
땅에서 합심하여 무엇이든지 구하면
하늘에 계신 내 아버지께서 그들을 위하여 이루게 하시리라
마 18:19

오늘의 말씀 Date/Time . . .

오늘의 기도

주님의 음성

적용과 결단

한 사람의 인생이나 한 나라의 운명은 좋은 생각이나 사상,
올바른 주장으로 바뀌는 것이 아닙니다.
거기에는 반드시 기도가 뒷받침되어야 합니다.

# 27

내가 기뻐하는 금식은 흉악의 결박을 풀어주며
멍에의 줄을 끌러주며 압제 당하는 자를 자유하게 하며
모든 멍에를 꺾는 것이 아니겠느냐
사 58:6

오늘의 말씀 Date/Time . . .

오늘의 기도

주님의 음성

적용과 결단

우리의 한 시간 기도에 능력이 부어지고,
삶에 변화가 일어나려면 반드시 사랑으로 기도해야 합니다.
사랑 안에서 하는 기도가 가장 강력한 기도입니다.

# 28

너는 내게 부르짖으라 내가 네게 응답하겠고
네가 알지 못하는 크고 은밀한 일을 네게 보이리라
렘 33:3

오늘의 말씀 Date/Time . . .

오늘의 기도

주님의 음성

적용과 결단

"부르짖어 기도해라. 왜 가만있니? 큰 소리로 기도해봐!"
하나님께서 소리를 질러도 된다고 허락하신 것입니다.

성령 안에서 기도하라는 것은
성령님께 전적으로 기도를 의지하라는 뜻입니다.

성령 안에서 기도하라는 것은
자기 생각대로 기도하지 말라는 뜻이기도 합니다.
많은 성도들이 기도하다가 좌절하는 이유는
자기 생각대로 기도하고, 자기가 원하는 대로
응답되기를 바라기 때문입니다.

예수님은 우리가 구하면
반드시 응답해주겠다고 약속하셨습니다.
그런데 이 약속은 어떤 조건이
반드시 충족될 경우에 해당하는 것입니다.
우리가 무엇을 구하든지
무조건 다 들어주시겠다는 것이 아니라
우리가 주님 안에 거하고
주님의 말이 우리 안에 거해야
구하는 대로 다 주실 수 있는 것입니다.

우리가 하나님 앞에 나아가 성령께서 주시는 생각으로
기도하는 것이 바로 성령 안에서 기도하는 것입니다.

# 29

범사에 감사하라
이것이 그리스도 예수 안에서
너희를 향하신 하나님의 뜻이니라
살전 5:18

오늘의 말씀 Date/Time . . .

오늘의 기도

주님의 음성

적용과 결단

한 시간 기도할 때 내 삶의 모든 것에 감사하십시오.
내 주변에 있는 모든 사람에 대해 감사하고,
내게 일어나는 모든 일에 대해 감사하는 것입니다.

# 30

너희가 내 이름으로 무엇을 구하든지 내가 행하리니
이는 아버지로 하여금 아들로 말미암아 영광을 받으시게 하려 함이라
요 14:13

오늘의 말씀 Date/Time . . .

오늘의 기도

주님의 음성

적용과 결단

내 인생이 마귀의 놀이터가 된다고 생각하면
무슨 일이 있어도 기도하는 수고를 기꺼이 감당하게 되는 것입니다.

# 31

**여호와께서 내 음성과 내 간구를 들으시므로 내가 그를 사랑하는도다**
**그의 귀를 내게 기울이셨으므로 내가 평생에 기도하리로다**
시 116:1,2

오늘의 말씀 Date/Time . . .

오늘의 기도

주님의 음성

적용과 결단

많은 사람들이 막상 기도를 시작하지 못하는 이유는
기도하는 것을 선택의 문제라고 생각하기 때문입니다.
기도는 내가 기도할까 말까 고민하고 선택할 문제가 아닙니다.

# 32

너희가 악한 자라도 좋은 것으로 자식에게 줄 줄 알거든
하물며 하늘에 계신 너희 아버지께서
구하는 자에게 좋은 것으로 주시지 않겠느냐

마 7:11

### 오늘의 말씀

Date/Time . . .

### 오늘의 기도

### 주님의 음성

### 적용과 결단

성령님께 여러분의 기도생활 자체를 의지하십시오.
성령 안에서 기도해보십시오.
앞으로 여러분의 마음에 기도가 부담이 아니라 기대이기를 바랍니다.

# 33

아무것도 염려하지 말고 다만 모든 일에 기도와 간구로,
너희 구할 것을 감사함으로 하나님께 아뢰라
빌 4:6

오늘의 말씀 Date/Time . . .

오늘의 기도

주님의 음성

적용과 결단

염려를 주께 맡기는 것이 기도입니다.
한 시간 기도를 하면 남은 하루를 살아가는 동안
마음속에 있는 염려가 더 이상 나를 사로잡지 못합니다.

# 34

**우리가 무엇이든지 구하는 바를 들으시는 줄을 안즉**
**우리가 그에게 구한 그것을 얻은 줄을 또한 아느니라**

요일 5:15

오늘의 말씀 Date/Time . . .

오늘의 기도

주님의 음성

적용과 결단

기도는 기도를 하면서 배우게 됩니다. 기도의 능력 또한 기도를 하면서 놀랍게 자랍니다. 기도를 했다가 안 했다가 하면 똑같은 기도를 하게 되지만, 기도를 꾸준히 하면 기도의 차원이 달라집니다.

# 35

오직 여호와를 앙망하는 자는 새 힘을 얻으리니
독수리가 날개치며 올라감 같을 것이요
달음박질하여도 곤비하지 아니하겠고 걸어가도 피곤하지 아니하리로다
사 40:31

오늘의 말씀 Date/Time . . .

오늘의 기도

주님의 음성

적용과 결단

한 시간 기도를 하려면 반드시 '성령 안에서' 기도해야 합니다.
그렇게 기도하면 '늘 깨어서' 기도하고,
'끝까지 참으면서' 기도할 수 있습니다.

다니엘이 기도하기 시작합니다.
"하나님, 도대체 역사는 앞으로 어떻게 진행됩니까?"
다니엘이 기도했지만 응답이 없습니다.

알고 보니 페르시아 공중에서 페르시아를 지배하던 악한 영이
하나님의 응답의 천사를 막아 그가 다니엘에게 오지 못한 것이었습니다.
그러나 다니엘이 계속 기도하자 천사장 미가엘이 도와주어
응답의 천사가 다니엘에게 와서
하나님이 하실 크고 놀라운 비밀을 깨닫게 해줍니다.

하나님은 하나님께서 친히 모든 일을 하신다는 것을
알게 하시려고 우리에게 기도를 시키십니다.
그 과정 가운데 우리가 부르짖을 만한
어려운 상황이 벌어지는 것입니다.

형편이 좋아서 부르짖을 일이 전혀 없다면
부르짖지 않을 수도 있습니다.
그런데 우리의 사정은 결코 그렇지가 않습니다.
지금 나의 처지가 편안하다고 해서
나의 내일도 편안하다는 보장은 없습니다.
나는 괜찮은데 나라도 괜찮은지는 모르는 일입니다.

우리가 정말 하나님을 믿고 그 역사를 보는 눈이 뜨였다면
우리에게는 부르짖을 일이 항상 많습니다.

# 36

천사가 하늘로부터 예수께 나타나 힘을 더하더라
예수께서 힘쓰고 애써 더욱 간절히 기도하시니
땀이 땅에 떨어지는 핏방울같이 되더라
눅 22:43,44

오늘의 말씀 Date/Time . . .

오늘의 기도

주님의 음성

적용과 결단

매일 한 시간 기도를 시작했다면
주님 앞에 갈 때까지 계속 기도하는 것이
가장 강력한 기도의 능력입니다.

# 37

**하나님은 모든 사람이 구원을 받으며**
**진리를 아는 데에 이르기를 원하시느니라**

딤전 2:4

오늘의 말씀 Date/Time . . .

오늘의 기도

주님의 음성

적용과 결단

기도는 주님을 만나는 시간입니다.
기도에 능력이 있는 이유는
기도가 주님과의 확실한 교제 시간이기 때문입니다.

# 38

내가 나의 마음에 죄악을 품었더라면
주께서 듣지 아니하시리라
시 66:18

오늘의 말씀 Date/Time . . .

오늘의 기도

주님의 음성

적용과 결단

기도가 잘 안 된다면 기도에 막힘이 있기 때문입니다.
기도가 막히는 가장 큰 이유는 죄 때문입니다.

# 39

나는 마음이 온유하고 겸손하니
나의 멍에를 메고 내게 배우라
그리하면 너희 마음이 쉼을 얻으리니
마 11:29

오늘의 말씀　　Date/Time　.　.　.

오늘의 기도

주님의 음성

적용과 결단

침묵기도는 지친 마음을 주님께 맡기고 주님 안에 거하는 기도입니다.
침묵기도를 통하여 기도가 주님과의 사랑의 교제임을 느꼈습니다.

# 40

**그를 향하여 우리가 가진 바 담대함이 이것이니**
**그의 뜻대로 무엇을 구하면 들으심이라**

요일 5:14

오늘의 말씀 Date/Time . . .

오늘의 기도

주님의 음성

적용과 결단

하나님의 뜻대로 구하는 기도는 다 응답받습니다.
기도했는데 응답이 안 된다면 무슨 기도를 했는지 점검해봐야 합니다.
그 문제 속에서 하나님의 뜻을 제대로 분별했는지 살펴야 합니다.

# 41

**그러므로 내가 첫째로 권하노니**
**모든 사람을 위하여 간구와 기도와 도고와 감사를 하되**

딤전 2:1

## 오늘의 말씀

Date/Time . . .

## 오늘의 기도

## 주님의 음성

## 적용과 결단

이제 우리는 무조건 기도로 살아야 합니다.
내 삶의 최우선순위가 기도가 되어야 합니다.
숨은 그냥 계속 쉬는 것입니다. 기도는 영혼의 호흡입니다.

# 42

**두 사람이 뜻이 같지 않은데 어찌 동행하겠으며**

암 3:3

오늘의 말씀 Date/Time . . .

오늘의 기도

주님의 음성

적용과 결단

우리는 얼마든지 기도하는 데 한 시간을 낼 수 있습니다.
도저히 기도할 시간이 없을 정도라면
'대체 무슨 일로 그리 바쁜가?' 생각해보아야 합니다.

우리는 먹고사는 문제, 재정적인 어려움이 닥칠 때
산기도, 철야기도, 금식기도를 하며
이번 사업만 잘되게 해달라고 매달립니다.
건강에 문제가 생기고, 죽을병에 걸리면
간절한 마음으로 기도합니다.
그런가 하면 하나님이 내게 주신 사명을 감당하기 위해서
"먼저 그의 나라와 그의 의를 구하라"는 기도는
너무 소홀히 하고 지나칠 때가 많습니다.

덜컥 하나님 앞에 섰을 때 주님이
"너는 도대체 기도의 축복을 어디에다 썼느냐?"라고
물으시면 어떻게 하겠습니까?
먹고사는 문제가 힘들고 어려워서 기도한 적은 있어도,
하나님의 나라와 이 민족과 한국 교회를 위해서
한 번도 제대로 기도해보지 못하고
하나님 앞에 서는 것은 너무나 두려운 일입니다.

내 형편과 처지는 특별히 부르짖을 일이 없지만,
하나님의 나라와 이 민족과 한국 교회를 위해서
정말 애통함으로 부르짖어 기도한다는 것은
성령의 역사가 아니면 불가능한 일입니다.
주님이 그 마음을 부어주시지 않으면 안 됩니다.

# 43

**주 여호와께서는 자기의 비밀을**
**그 종 선지자들에게 보이지 아니하시고는**
**결코 행하심이 없으시리라**

암 3:7

오늘의 말씀 Date/Time . . .

오늘의 기도

주님의 음성

적용과 결단

우리 눈앞에 일어나는 일만 바라보고 기도할 것이 아니라
하나님이 하시고자 하는 일을 알게 해달라고
기도하시기 바랍니다.

# 44

**구하라 그리하면 너희에게 주실 것이요**
**찾으라 그리하면 찾아낼 것이요**
**문을 두드리라 그리하면 너희에게 열릴 것이니**
마 7:7

## 오늘의 말씀

Date/Time . . .

## 오늘의 기도

## 주님의 음성

## 적용과 결단

우리의 기도가 어떠냐에 따라 나도 살고,
가정과 교회가 살아나고, 이 나라가 살아납니다.
기도는 우리의 사명입니다.

# 45

**주 안에서 항상 기뻐하라**
**내가 다시 말하노니 기뻐하라**
빌 4:4

오늘의 말씀 Date/Time . . .

오늘의 기도

주님의 음성

적용과 결단

한 시간 기도하자는 말을 듣는 순간
마음에 부담인지 기쁨인지 반드시 답해보기 바랍니다.
그것은 우리가 믿는 주님이 우리에게 얼마만큼 실제인가를 말해주는 지표가 됩니다.

# 46

기도를 들으시는 주여
모든 육체가 주께 나아오리이다
시 65:2

오늘의 말씀 Date/Time . . .

오늘의 기도

주님의 음성

적용과 결단

기도는 아주 쉬운 것이었습니다. 하나님과 함께 거니는 것,
주님과 즐겁게 지내는 것이 기도였습니다.
기도는 하나님과 대화하는 것입니다. 그것이 기도의 축복입니다.

# 47

**임금들과 높은 지위에 있는 모든 사람을 위하여 하라**
**이는 우리가 모든 경건과 단정함으로**
**고요하고 평안한 생활을 하려 함이라**
딤전 2:2

오늘의 말씀 Date/Time . . .

오늘의 기도

주님의 음성

적용과 결단

기도는 나라를 바꾸고 민족을 바꿉니다.
하나님께서 여러분 안에 허락하신 기도의 복이 얼마나 크고 강하고 놀라운지
명심해야 한 시간 기도를 하게 됩니다.

# 48

이러므로 너희는 장차 올 이 모든 일을 능히 피하고
인자 앞에 서도록 항상 기도하며 깨어 있으라 하시니라
눅 21:36

오늘의 말씀 Date/Time . . .

오늘의 기도

주님의 음성

적용과 결단

기도는 살고 죽는 문제입니다. 기도를 못하면 죽는 것입니다.
완전히 끝입니다. 그러나 기도하면 어떤 형편에서든지 삽니다.
하나님이 반드시 일으키십니다.

# 49

너희가 무슨 일에든지 누구를 용서하면 나도 그리하고
내가 만일 용서한 일이 있으면 용서한 그것은
너희를 위하여 그리스도 앞에서 한 것이니
고후 2:10

오늘의 말씀 Date/Time . . .

오늘의 기도

주님의 음성

적용과 결단

저는 요즘 어떤 관계도 깨어지지 않기를 간절히 바라면서 기도합니다.
어떤 사람에게도 적대감이나 악의를 가지고 대하지 않으려고 애를 씁니다.
진짜 중요한 교훈은 어떤 마음으로 기도하느냐 하는 것입니다.

회개를 절대 건성으로 하지 마십시오.

여러분의 마음속에 죄가 느껴지고,
그것이 반복적인 죄라는 생각이 든다면
하나님 앞에 "하나님, 제가 이런 죄를 지었으니 용서해주세요"
이렇게만 하지 마십시오.
진정한 회개가 아니라면 역사가 일어나기 어렵습니다.
습관적으로 하는 회개는 엄밀히 말해서 진짜 회개가 아닙니다.

여러분이 반복적으로 짓는 죄가 있다면
하나님께 이렇게 구하십시오.
"하나님, 더 이상 그 죄를 짓고 싶지 않습니다.
만약에 제가 계속해서 그 죄를 짓는다면
아예 제 영혼을 데려가주세요.
이 세상에 오래 살수록 더 많이 죄지을 게 아닙니까.
하나님, 제 목숨을 거둬가세요.
죽기를 각오하고 더 이상 그 죄를 짓고 싶지 않습니다.

여러분이 하나님 앞에 어떤 죄를
끊고 살기를 갈망하기만 하면,
이미 그 능력을 주신 분께서 그것을 이루어주십니다.
그때 여러분의 기도가 확 열리는 경험을 하게 됩니다.

# 50

시몬아, 시몬아, 보라 사탄이 너희를 밀 까부르듯 하려고 요구하였으나
그러나 내가 너를 위하여 네 믿음이 떨어지지 않기를 기도하였노니
너는 돌이킨 후에 네 형제를 굳게 하라

눅 22:31,32

오늘의 말씀 Date/Time . . .

오늘의 기도

주님의 음성

적용과 결단

마음을 여는 일이 아무리 힘들어도,
영적 침체에 빠져서 주님과의 관계가
계속해서 단절되는 것보다는 너무 쉬운 일입니다.

# 51

여자가 이르되 주여 옳소이다마는
개들도 제 주인의 상에서 떨어지는 부스러기를 먹나이다 하니
마 15:27

오늘의 말씀 Date/Time . . .

오늘의 기도

주님의 음성

적용과 결단

지금 어떤 고통으로 하나님께 부르짖고 있습니까?
하나님께서 우리가 부르짖을 만한 상황을 만드셨는지도 모릅니다.

# 52

그리스도의 평강이 너희 마음을 주장하게 하라
너희는 평강을 위하여 한 몸으로 부르심을 받았나니
너희는 또한 감사하는 자가 되라
골 3:15

오늘의 말씀 Date/Time . . .

오늘의 기도

주님의 음성

적용과 결단

하나님께 기도했는데 마음속에 이미 이루어졌다고 믿어져서 감사하고,
그것이 이루어지지 않아도 내 마음에 이미 충분하다고 깨달아져서
감사하게 되는 것이 얼마나 강력한 기도인지 모릅니다.

# 53

더불어 마음을 같이하여 오로지 기도에 힘쓰더라

행 1:14

오늘의 말씀

Date/Time . . .

오늘의 기도

주님의 음성

적용과 결단

기도하기 위해서 우리는 주위 사람들과 연합해야 합니다.
하늘에서 매이고 하늘에서 풀리는 권세가
우리의 합심기도에 달려 있습니다.

# 54

너는 여호와를 기다릴지어다
강하고 담대하며 여호와를 기다릴지어다
시 27:14

오늘의 말씀 Date/Time . . .

오늘의 기도

주님의 음성

적용과 결단

기도의 힘을 지켜내십시오.
기도할 수 있는 영적 상태를 스스로 무너뜨려서 시험에 빠지는 일이 없도록 하십시오.
연합하여 기도하는 사람이 많아질 때 교회가 역사하는 힘이 커집니다.

# 55

근신하라 깨어라
너희 대적 마귀가 우는 사자 같이
두루 다니며 삼킬 자를 찾나니
벧전 5:8

## 오늘의 말씀

Date/Time . . .

## 오늘의 기도

## 주님의 음성

## 적용과 결단

평안하고 별다른 일이 없을 때 졸음이 올 때
정신 차려 기도해야 합니다.
기도가 아니면 이겨낼 수 없는 시험이 우리 눈앞에 있습니다.

# 56

피차 사랑의 빚 외에는 아무에게든지 아무 빚도 지지 말라
남을 사랑하는 자는 율법을 다 이루었느니라
롬 13:8

오늘의 말씀 Date/Time . . .

오늘의 기도

주님의 음성

적용과 결단

한 시간 기도생활을 하기 위해서
우리가 반드시 통과해야 할 시험은 순종의 시험입니다.

간절히 기도하지만 응답이 없을 때가 있습니다.

요셉은 고난당할 때 하나님으로부터
아무런 응답도 받지 못했습니다.
그런데도 요셉은 계속 기도했습니다.
그러면 요셉이 기도의 축복을 얻지 못한 것입니까?
아닙니다. 요셉은 기도의 복을 늘 충만하게 누렸습니다.

요셉은 주님이 자신과 함께 계신 것을 알았습니다.
그러나 그는 감옥에도 가고 온갖 비참한 처지에 내몰렸습니다.
그래도 요셉은 오직 하나, 주님이 자신과 함께 계신 것으로
위로를 받고 힘을 얻어 모든 상황을 견뎌냈습니다.

어느 날 그는 애굽의 총리가 되었습니다.
요셉은 총리가 되게 해달라고 기도한 적이 없습니다.
그것은 요셉이 기도할 수도 없던 역사였습니다.
전적으로 하나님의 계획 속에 있는 것이었습니다.

“주님이 저와 함께 계신 것이 너무 좋습니다.
주님이 함께해주시는 것으로 충분합니다.
주님, 제가 주님을 부를 수 있고,
하나님을 아버지라고 부를 수 있으니
저는 모든 것을 가진 것과 같습니다.”

우리는 기도의 기쁨을 여기에 두어야 합니다.

# 57

**기도를 계속하고 기도에 감사함으로 깨어 있으라**

골 4:2

오늘의 말씀 Date/Time . . .

오늘의 기도

주님의 음성

적용과 결단

머리로는 절대로 감사할 수 없는 일, 자존심 상하는 일을
"감사합니다. 주님"이라고 고백하는 것입니다.
이것이 모든 것의 주관자이신 예수님을 믿는 우리의 결론입니다.

# 58

**우리 가운데서 역사하시는 능력대로
우리가 구하거나 생각하는 모든 것에 더 넘치도록 능히 하실 이에게**

엡 3:20

오늘의 말씀

Date/Time . . .

오늘의 기도

주님의 음성

적용과 결단

"오직 주의 뜻이 이루어지이다!"
이 기도에 하늘의 권능이 부어져 이 땅이 진동하는 역사가
일어나기를 축복합니다.

# 59

**만일 우리가 우리 죄를 자백하면**
**그는 미쁘시고 의로우사 우리 죄를 사하시며**
**우리를 모든 불의에서 깨끗하게 하실 것이요**

요일 1:9

오늘의 말씀　　Date/Time　.　.　.

오늘의 기도

주님의 음성

적용과 결단

회개를 하고 나면 너무나 기쁩니다.
저는 회개할 때마다 예수님을 만납니다.
그저 만나는 것이 아니라 주님의 품에 안기는 은혜를 경험합니다.

# 60

나의 간절한 기대와 소망을 따라
아무 일에든지 부끄러워하지 아니하고 지금도 전과 같이 온전히 담대하여
살든지 죽든지 내 몸에서 그리스도가 존귀하게 되게 하려 하나니

빌 1:20

## 오늘의 말씀

Date/Time . . .

## 오늘의 기도

## 주님의 음성

## 적용과 결단

기도는 우리가 살고 죽는 문제와 관련이 있습니다.
이 사실을 명확히 알아야 비로소 적당히 기도하지 않게 됩니다.

# 61

너희 중에 고난당하는 자가 있느냐 그는 기도할 것이요
즐거워하는 자가 있느냐 그는 찬송할지니라
약 5:13

오늘의 말씀 Date/Time . . .

오늘의 기도

주님의 음성

적용과 결단

우리가 어려움을 당할 때
그 어려움에서 벗어나게 해주시는 것이 하나님의 뜻일 수도 있고,
선을 행하다가 고난을 받는 것이 하나님의 뜻일 수도 있습니다.

# 62

너희는 여호와를 만날 만한 때에 찾으라
가까이 계실 때에 그를 부르라
사 55:6

오늘의 말씀 Date/Time . . .

오늘의 기도

주님의 음성

적용과 결단

어려움이 닥친 사람은 기도해야겠다는 마음이라도 들지만,
어려움이 없는 사람은 기도가 간절하지 않습니다.
그것이 더 문제입니다.

# 63

**내가 그의 아들의 복음 안에서**
**내 심령으로 섬기는 하나님이 나의 증인이 되시거니와**
**항상 내 기도에 쉬지 않고 너희를 말하며**
롬 1:9

오늘의 말씀 Date/Time . . .

오늘의 기도

주님의 음성

적용과 결단

주님을 바라보는 믿음으로 기도의 자리를 지켜야 합니다.
주님을 바라보면 기도할 믿음을 얻게 됩니다.
끝까지 기도할 힘을 얻습니다.

우리가 관공서에 가는 것은 처리할 민원이 있기 때문입니다.
그렇기 때문에 그것은 일이지 즐거움은 아닙니다.
관공서에 가면서 크게 기뻐할 사람은 없고
일부러 오래 있을 필요도 없습니다.
볼일만 보고 바로 나옵니다.
민원이 없으면 관공서에 갈 이유조차 없습니다.

하나님 앞에 어떤 용무가 있어서 나아가는 사람은
이렇게 응답을 바라고 기도합니다.
"하나님, 이런 문제가 생겼으니까 꼭 해결해주세요."
이 경우 민원 처리하는 것처럼 기도를 하니까
기도가 딱딱하고 지루하고 힘이 듭니다.

그러나 사랑하는 사람을 만나러 갈 때는
분위기가 완전히 달라집니다. 특별한 용건이 없어도
그 사람을 만나는 것 자체가 즐겁고 마음이 설렙니다.
그 사람과 만나는 데 한 시간을 채우려고 애를 써야 한다면
그 사람은 사랑하는 사람이 아닐 것입니다.

기도도 이와 같습니다.
한 시간 기도의 진정한 의미는
주님과의 기도 시간을 충분하게 가져보자는 뜻입니다.

# 64

예루살렘이여 내가 너의 성벽 위에 파수꾼을 세우고
그들로 하여금 주야로 계속 잠잠하지 않게 하였느니라
너희 여호와로 기억하시게 하는 자들아 너희는 쉬지 말며
사 62:6

오늘의 말씀 Date/Time . . .

오늘의 기도

주님의 음성

적용과 결단

기도의 권능은 기도가 응답되지 않고 상황이 더 어려워지는데도
계속 기도할 수 있는 힘입니다.
진짜 기도의 능력은 계속 기도하는 것입니다.

# 65

**그가 사모하는 영혼에게 만족을 주시며**
**주린 영혼에게 좋은 것으로 채워주심이로다**
시 107:9

오늘의 말씀　　　　Date/Time　　.　　.　　.

오늘의 기도

주님의 음성

적용과 결단

사랑하는 자녀가 아버지에게 구하면 아버지는 항상 좋은 것으로 주십니다.
구한 대로 주시는 것이 아니라 항상 좋은 것으로 주십니다.
그래서 기도는 정말 복입니다.

# 66

환난 날에 나를 부르라 내가 너를 건지리니
네가 나를 영화롭게 하리로다
시 50:15

오늘의 말씀 Date/Time . . .

오늘의 기도

주님의 음성

적용과 결단

우리는 큰 소리로 기도해야 할 상황에 처할 조짐이 보이면
바로 기도해야 합니다.
비명이 터져 나올 때까지 기다릴 필요가 없습니다.

# 67

**그러므로 각처에서 남자들이 분노와 다툼이 없이**
**거룩한 손을 들어 기도하기를 원하노라**
딤전 2:8

오늘의 말씀 Date/Time . . .

오늘의 기도

주님의 음성

적용과 결단

'바쁜데 한 시간을 어떻게 기도하라는 것이냐?' 하지 말아야 합니다.
한 시간 기도는 낭비가 아닙니다.
한 시간 기도운동은 바로 살아보자는 것입니다.

# 68

그리하면 모든 지각에 뛰어난 하나님의 평강이
그리스도 예수 안에서 너희 마음과 생각을 지키시리라
빌 4:7

오늘의 말씀 Date/Time . . .

오늘의 기도

주님의 음성

적용과 결단

기도하면 내 마음이 놀랍게 평강해집니다.
내 마음에 임하는 평강은 그리스도께서 함께하고
역사하신다는 확실한 증거입니다.

# 69

그는 자기를 경외하는 자들의 소원을 이루시며
또 그들의 부르짖음을 들으사 구원하시리로다
시 145:19

오늘의 말씀 Date/Time . . .

오늘의 기도

주님의 음성

적용과 결단

부르짖는 기도가 나온다면
우리의 생각을 뛰어넘는 하나님의 크고 비밀한 일이
진행되고 있다고 믿어야 합니다.

# 70

그러므로 무엇이든지
남에게 대접을 받고자 하는 대로 너희도 남을 대접하라
이것이 율법이요 선지자니라
마 7:12

오늘의 말씀 Date/Time . . .

오늘의 기도

주님의 음성

적용과 결단

우리가 지켜야 할 원칙은
먼저 기도하고 무슨 일이든 하는 것입니다.
매일 한 시간 기도를 기본으로 지키는 것입니다.

미즈노 겐조는 전신마비 장애를 가진
일본의 기독교 시인입니다.
그가 쓴 시 중에 '말씀'이라는 제목의
짤막한 시가 있습니다.

하나님, 오늘도 말씀해주세요
단 한마디뿐이어도 좋습니다
내 마음은 작아서
많이 주셔도 넘쳐버려 아까우니까요

하루 한 말씀이면 충분하다고 하는데,
정말 "아멘"이 나왔습니다.
이왕이면 말씀을 많이 주시면 좋은데,
왜 한 말씀이면 충분할까요?
하나님께서 내게 말씀하시는 것만 분명하다면
하루 한 말씀이면 족합니다.
진정으로 주님의 말씀이라면
하루 한 마디뿐이어도 좋습니다.

# 71

**쉬지 말고 기도하라**

살전 5:17

오늘의 말씀 Date/Time . . .

오늘의 기도

주님의 음성

적용과 결단

어떤 문제가 생겼거나 곤경에 처했을 때 우리는 먼저 기도하고 난 뒤에 판단해야 합니다.
중요한 결정을 내려야 할 때 언제나 하나님의 말씀을 먼저 들어야 합니다.
손을 잡고 뜨겁게 기도한 후 결정해야 합니다.

# 72

**네가 부를 때에는 나 여호와가 응답하겠고**
**네가 부르짖을 때에는 내가 여기 있다 하리라**
사 58:9

오늘의 말씀 Date/Time . . .

오늘의 기도

주님의 음성

적용과 결단

하나님이 하실 일에 대해서 우리가 기도로 반응해야 합니다.
기도는 하나님의 역사가 계속되도록 하는 힘입니다.

# 73

나를 보내신 이가 나와 함께하시도다
나는 항상 그가 기뻐하시는 일을 행하므로
나를 혼자 두지 아니하셨느니라
요 8:29

오늘의 말씀 Date/Time . . .

오늘의 기도

주님의 음성

적용과 결단

기도하면 하나 되는 역사가 일어납니다.
모두가 주님을 바라보면 다투거나 흩어지지 않고
평안한 가운데 하나가 됩니다.

# 74

**주여 나의 모든 소원이 주 앞에 있사오며**
**나의 탄식이 주 앞에 감추이지 아니하나이다**
시 38:9

오늘의 말씀 Date/Time . . .

오늘의 기도

주님의 음성

적용과 결단

기도를 기록하면 기도가 더 분명해지고,
응답도 확인할 수 있습니다.

# 75

너희를 인도하는 자들에게 순종하고 복종하라
그들은 너희 영혼을 위하여 경성하기를
자신들이 청산할 자인 것 같이 하느니라
히 13:17

오늘의 말씀 Date/Time . . .

오늘의 기도

주님의 음성

적용과 결단

한 시간 기도운동을 하는 이유 역시
우리가 더 이상 어설프게 기도하지 않고
기도로 사는 자가 되자는 데 있습니다.

# 76

하나님께서 지으신 모든 것이 선하매
감사함으로 받으면 버릴 것이 없나니
하나님의 말씀과 기도로 거룩하여짐이라

딤전 4:4,5

## 오늘의 말씀

Date/Time . . .

## 오늘의 기도

## 주님의 음성

## 적용과 결단

"주님, 제가 왔습니다" 하고 주님께 나아가 나의 문제를 다 맡기고
주님 앞에 그저 있는 것입니다.
"내 안에 거하라"고 하셨으니까 주님 안에서 쉬는 시간이기도 합니다.

# 77

그의 마음의 소원을 들어주셨으며
그의 입술의 요구를 거절하지 아니하셨나이다
시 21:2

오늘의 말씀 Date/Time . . .

오늘의 기도

주님의 음성

적용과 결단

한 시간 기도가 큰 부담에서 크나큰 기쁨이 되는 역사가
성령의 가장 놀라운 역사입니다.

산꼭대기에 올라가 이스라엘을 위해 기도하던
모세의 팔이 피곤했다고 했습니다.
그만큼 기도가 힘들다는 것입니다.
한 시간 기도를 계속하는 일이 쉽지 않다는 것입니다.
영적 전쟁이기 때문에 더 어렵습니다.

마귀는 기도를 못하게 방해합니다.
졸리고, 시간이 없고, 기도에 대한 좌절감에 빠지게 만듭니다.
기도가 힘들고 어렵겠지만, 그때 상황을 한번 돌아봐야 합니다.
여호수아 군대가 아말렉에게 밀려서 다 죽게 되었습니다.
지금 기도하지 못하면 죽습니다. 완전히 끝입니다.

이스라엘 백성은 아말렉과 싸워 이기고 난 다음
기도의 차원이 달라졌습니다. 실제로 경험했기 때문입니다.
모세가 산꼭대기에서 팔을 들고 기도할 때
여호수아 군대가 이겼다는 것을 알고 난 다음
그들에게 어려운 일이 생기면 무엇부터 했겠습니까?
바로 기도의 깃발부터 세웁니다.
하나님께서 분명히 가르쳐주셨기 때문입니다.

기도는 반드시 엄청난 역사를 가져옵니다.

# 78

그는 육체에 계실 때에 자기를 죽음에서 능히 구원하실 이에게
심한 통곡과 눈물로 간구와 소원을 올렸고
그의 경건하심으로 말미암아 들으심을 얻었느니라

히 5:7

오늘의 말씀 Date/Time . . .

오늘의 기도

주님의 음성

적용과 결단

고난당할 때 하나님께 부르짖어야 하지만,
고난당하기 전에 미리미리 하나님께 부르짖는 기도생활을 한다면
그런 시험을 겪지 않았을 수도 있습니다.

# 79

내가 곧 그들을 나의 성산으로 인도하여
기도하는 내 집에서
그들을 기쁘게 할 것이며
사 56:7

오늘의 말씀 Date/Time . . .

오늘의 기도

주님의 음성

적용과 결단

한 시간 기도를 실천해보기 바랍니다.
기도생활을 하면 반드시 능력이 나타납니다.
기도를 통하여 예수님과 계속 접촉하고 있기 때문입니다.

# 80

감사함으로 그의 문에 들어가며
찬송함으로 그의 궁정에 들어가서
그에게 감사하며 그의 이름을 송축할지어다
시 100:4

오늘의 말씀 Date/Time . . .

오늘의 기도

주님의 음성

적용과 결단

기도하지 않고 되는 일은 하나님이 하셨다는 고백이 나오지 않지만,
정말 간절히 기도해서 된 일은
'아, 하나님이 하셨구나!' 하는 고백이 절로 나옵니다.

# 81

이에 가르쳐 이르시되 기록된 바
내 집은 만민이 기도하는 집이라
칭함을 받으리라고 하지 아니하였느냐
막 11:17

오늘의 말씀 Date/Time . . .

오늘의 기도

주님의 음성

적용과 결단

마귀는 모든 것을 허용하지만 기도는 하지 못하게 만듭니다.
그때 정신을 차려야 합니다.
기도에 대한 가장 중요한 교훈은 실제로 기도하는 것입니다.

# 82

여호와의 눈은 온 땅을 두루 감찰하사
전심으로 자기에게 향하는 자들을 위하여 능력을 베푸시나니
대하 16:9

## 오늘의 말씀

Date/Time . . .

## 오늘의 기도

## 주님의 음성

## 적용과 결단

인생은 하나님이 결정하십니다.
가진 것이 없고, 배운 것이 없어도 괜찮습니다. 나이가 너무 많다고 걱정하지 마십시오.
오직 여러분의 기도가 하나님의 마음을 움직입니다.

# 83

주께서 심지가 견고한 자를 평강하고 평강하도록 지키시리니
이는 그가 주를 신뢰함이니이다
사 26:3

오늘의 말씀 Date/Time . . .

오늘의 기도

주님의 음성

적용과 결단

주님이 여러분과 함께 계시는 것이 절대로 낯선 일이 아닙니다.
매일 주님 바라보기를 힘쓰면
주님의 임재를 느끼는 감각이 엄청나게 커집니다.

# 84

자녀들아 너희는 하나님께 속하였고 또 그들을 이기었나니
이는 너희 안에 계신 이가 세상에 있는 자보다 크심이라
요일 4:4

오늘의 말씀 Date/Time . . .

오늘의 기도

주님의 음성

적용과 결단

우리가 예수님을 믿고 예수님의 생명으로 살며
우리 안에 주님이 이미 와 계신데,
우리가 겪는 일을 주님이 어떻게 모르실 수 있겠습니까.

멕시코에서 사역하는 선교사님이
여자아이 하나를 입양했습니다.
친아버지에게 무참히 학대받던 아이를 겨우 구출했는데,
하나님이 그 아이를 입양하라는 마음을 주신 것입니다.

선교사님이 "이제 너는 내 딸이야,
무엇이든지 필요하면 말해"라고 했지만
안타깝게도 아이는 선교사님에게
어떤 것도 구하지 않았습니다.

그런데 어느 날 그 아이가 선교사님에게 다가와서
조용한 목소리로 말했습니다.
"아빠, 신발 끈이 하나 필요해요."

선교사님이 그 이야기를 듣는데 눈물이
왈칵 쏟아졌다고 합니다.
'이 아이가 내게 자신이 필요한 것을 달라고 했다'
그것이 그렇게 감사하더랍니다.
이것이 기도입니다.

'내가 너의 좋은 아버지라고 믿어!
내게 물어라. 구하라. 내가 아버지야!'
하나님의 마음이 꼭 그와 같습니다.
하나님이 우리에게 왜 기도하라고 하십니까?
하나님이 아버지이심을 경험하는 방법을
가르쳐주시는 것입니다.

# 85

**우리에게 주신 성령으로 말미암아**
**하나님의 사랑이 우리 마음에 부은 바 됨이니**
롬 5:5

오늘의 말씀 Date/Time . . .

오늘의 기도

주님의 음성

적용과 결단

매일 한 시간 기도하는 것은
무거운 짐을 하나 더 지는 것이 아니라
우리의 마음이 쉬면서 주님으로부터 새 힘을 공급받는 시간이었습니다.

# 86

**너희는 더욱 큰 은사를 사모하라**
**내가 또한 가장 좋은 길을 너희에게 보이리라**
고전 12:31

오늘의 말씀 Date/Time . . .

오늘의 기도

주님의 음성

적용과 결단

여러분에게 사명이 있다면
하나님은 여러분의 문제에 깊이 관여하십니다.
여러분의 문제, 시련, 환난이 하나님께서 너무 중요하게 생각하는 문제가 됩니다.

# 87

주의 손으로 나를 도우사 나로 환난을 벗어나
내게 근심이 없게 하옵소서 하였더니
하나님이 그가 구하는 것을 허락하셨더라
대상 4:10

오늘의 말씀 Date/Time . . .

오늘의 기도

주님의 음성

적용과 결단

기도하러 주님 앞에 나아가니 무거운 짐을 주님 앞에 다 내려놓을 수 있었습니다.
마음의 격동이 사라지고 상처도 아물게 됩니다.
어디서 오는지 설명할 수 없는 확신과 기쁨, 감사가 마음 깊은 곳에서 일어납니다.

# 88

시와 찬송과 신령한 노래를 부르며 감사하는 마음으로 하나님을 찬양하고
또 무엇을 하든지 말에나 일에나 다 주 예수의 이름으로 하고
그를 힘입어 하나님 아버지께 감사하라

골 3:16,17

오늘의 말씀 Date/Time . . .

오늘의 기도

주님의 음성

적용과 결단

혹시 영적으로 답답함을 느끼고 모든 것이 짜증나고
사는 것이 의미 없어 보이고 살아가는 것이 두렵습니까?
하나님의 은혜가 풍성함을 믿고 큰 소리로 찬송하고 기도하기를 힘써보십시오.

# 89

하나님 앞에서 너희의 말을 듣는 것이
하나님의 말씀을 듣는 것보다 옳은가 판단하라
행 4:19

### 오늘의 말씀

Date/Time . . .

### 오늘의 기도

### 주님의 음성

### 적용과 결단

매일 한 시간 기도하는 삶을 살면
주님이 주시는 분별력을 얻게 되어 주님의 판단이 무엇인지 점점 더 분명해집니다.
어떤 일이든지 하나님의 이끄심을 따라가게 됩니다.

# 90

그의 계명은 이것이니 곧 그 아들 예수 그리스도의 이름을 믿고
그가 우리에게 주신 계명대로 서로 사랑할 것이니라
요일 3:23

오늘의 말씀 Date/Time . . .

오늘의 기도

주님의 음성

적용과 결단

기도의 축복은 근본적으로 하나님을 "아버지"라고 부르는 것입니다.
"예수 그리스도 안에서 하나님이 내 아버지가 되셨다"는
이것이 기도의 기본입니다.

# 매일합심기도

# 01

너희 중의 두 사람이 땅에서 합심하여 무엇이든지 구하면
하늘에 계신 내 아버지께서 그들을 위하여 이루게 하시리라
마 18:19

하나님의 나라를 위해 Date/Time . . .

나라와 민족을 위해

남북한 복음통일을 위해

긴급한 열방을 위해

한국 교회와 개교회를 위해

긴급 기도 요청

# 02

예수께서 이르시되 너희는 기도할 때에 이렇게 하라
아버지여 이름이 거룩히 여김을 받으시오며 나라가 임하시오며
눅 11:2

하나님의 나라를 위해 Date/Time . . .

나라와 민족을 위해

남북한 복음통일을 위해

긴급한 열방을 위해

한국 교회와 개교회를 위해

긴급 기도 요청

# 03

예루살렘이여 내가 너의 성벽 위에 파수꾼을 세우고
그들로 하여금 주야로 계속 잠잠하지 않게 하였느니라
너희 여호와로 기억하시게 하는 자들아 너희는 쉬지 말며
사 62:6

하나님의 나라를 위해 Date/Time . . .

나라와 민족을 위해

남북한 복음통일을 위해

긴급한 열방을 위해

한국 교회와 개교회를 위해

긴급 기도 요청

# 04

**이 땅을 위하여 성을 쌓으며 성 무너진 데를 막아 서서**
**나로 하여금 멸하지 못하게 할 사람을**
**내가 그 가운데에서 찾다가**

겔 22:30

하나님의 나라를 위해 Date/Time . . .

나라와 민족을 위해

남북한 복음통일을 위해

긴급한 열방을 위해

한국 교회와 개교회를 위해

긴급 기도 요청

# 05

너희 중의 두 사람이 땅에서 합심하여 무엇이든지 구하면
하늘에 계신 내 아버지께서 그들을 위하여 이루게 하시리라
마 18:19

하나님의 나라를 위해 Date/Time . . .

나라와 민족을 위해

남북한 복음통일을 위해

긴급한 열방을 위해

한국 교회와 개교회를 위해

긴급 기도 요청

# 06

**예수께서 이르시되 너희는 기도할 때에 이렇게 하라**
**아버지여 이름이 거룩히 여김을 받으시오며 나라가 임하시오며**

눅 11:2

하나님의 나라를 위해 Date/Time . . .

나라와 민족을 위해

남북한 복음통일을 위해

긴급한 열방을 위해

한국 교회와 개교회를 위해

긴급 기도 요청

# 07

**예루살렘이여 내가 너의 성벽 위에 파수꾼을 세우고**
**그들로 하여금 주야로 계속 잠잠하지 않게 하였느니라**
**너희 여호와로 기억하시게 하는 자들아 너희는 쉬지 말며**

사 62:6

하나님의 나라를 위해 Date/Time . . .

나라와 민족을 위해

남북한 복음통일을 위해

긴급한 열방을 위해

한국 교회와 개교회를 위해

긴급 기도 요청

# 08

**이 땅을 위하여 성을 쌓으며 성 무너진 데를 막아 서서**
**나로 하여금 멸하지 못하게 할 사람을**
**내가 그 가운데에서 찾다가**

겔 22:30

하나님의 나라를 위해 Date/Time . . .

나라와 민족을 위해

남북한 복음통일을 위해

긴급한 열방을 위해

한국 교회와 개교회를 위해

긴급 기도 요청

# 09

**너희 중의 두 사람이 땅에서 합심하여 무엇이든지 구하면**
**하늘에 계신 내 아버지께서 그들을 위하여 이루게 하시리라**

마 18:19

하나님의 나라를 위해 Date/Time . . .

나라와 민족을 위해

남북한 복음통일을 위해

긴급한 열방을 위해

한국 교회와 개교회를 위해

긴급 기도 요청

# 10

**예수께서 이르시되 너희는 기도할 때에 이렇게 하라**
**아버지여 이름이 거룩히 여김을 받으시오며 나라가 임하시오며**

눅 11:2

하나님의 나라를 위해　　　　Date/Time　.　.　.

나라와 민족을 위해

남북한 복음통일을 위해

긴급한 열방을 위해

한국 교회와 개교회를 위해

긴급 기도 요청

# 11

예루살렘이여 내가 너의 성벽 위에 파수꾼을 세우고
그들로 하여금 주야로 계속 잠잠하지 않게 하였느니라
너희 여호와로 기억하시게 하는 자들아 너희는 쉬지 말며
사 62:6

하나님의 나라를 위해 Date/Time . . .

나라와 민족을 위해

남북한 복음통일을 위해

긴급한 열방을 위해

한국 교회와 개교회를 위해

긴급 기도 요청

# 12

**이 땅을 위하여 성을 쌓으며 성 무너진 데를 막아 서서**
**나로 하여금 멸하지 못하게 할 사람을**
**내가 그 가운데에서 찾다가**

겔 22:30

### 하나님의 나라를 위해

Date/Time . . .

### 나라와 민족을 위해

### 남북한 복음통일을 위해

### 긴급한 열방을 위해

### 한국 교회와 개교회를 위해

### 긴급 기도 요청

# 13

너희 중의 두 사람이 땅에서 합심하여 무엇이든지 구하면
하늘에 계신 내 아버지께서 그들을 위하여 이루게 하시리라
마 18:19

하나님의 나라를 위해 Date/Time . . .

나라와 민족을 위해

남북한 복음통일을 위해

긴급한 열방을 위해

한국 교회와 개교회를 위해

긴급 기도 요청

# 14

예수께서 이르시되 너희는 기도할 때에 이렇게 하라
아버지여 이름이 거룩히 여김을 받으시오며 나라가 임하시오며
눅 11:2

하나님의 나라를 위해 Date/Time . . .

나라와 민족을 위해

남북한 복음통일을 위해

긴급한 열방을 위해

한국 교회와 개교회를 위해

긴급 기도 요청

# 15

예루살렘이여 내가 너의 성벽 위에 파수꾼을 세우고
그들로 하여금 주야로 계속 잠잠하지 않게 하였느니라
너희 여호와로 기억하시게 하는 자들아 너희는 쉬지 말며
사 62:6

하나님의 나라를 위해　　　　Date/Time　　.　　.　　.

나라와 민족을 위해

남북한 복음통일을 위해

긴급한 열방을 위해

한국 교회와 개교회를 위해

긴급 기도 요청

# 16

**이 땅을 위하여 성을 쌓으며 성 무너진 데를 막아 서서**
**나로 하여금 멸하지 못하게 할 사람을**
**내가 그 가운데에서 찾다가**
겔 22:30

하나님의 나라를 위해 Date/Time . . .

나라와 민족을 위해

남북한 복음통일을 위해

긴급한 열방을 위해

한국 교회와 개교회를 위해

긴급 기도 요청

# 17

너희 중의 두 사람이 땅에서 합심하여 무엇이든지 구하면
하늘에 계신 내 아버지께서 그들을 위하여 이루게 하시리라
마 18:19

하나님의 나라를 위해 Date/Time . . .

나라와 민족을 위해

남북한 복음통일을 위해

긴급한 열방을 위해

한국 교회와 개교회를 위해

긴급 기도 요청

# 18

예수께서 이르시되 너희는 기도할 때에 이렇게 하라
아버지여 이름이 거룩히 여김을 받으시오며 나라가 임하시오며
눅 11:2

하나님의 나라를 위해 Date/Time . . .

나라와 민족을 위해

남북한 복음통일을 위해

긴급한 열방을 위해

한국 교회와 개교회를 위해

긴급 기도 요청

# 19

**예루살렘이여 내가 너의 성벽 위에 파수꾼을 세우고**
**그들로 하여금 주야로 계속 잠잠하지 않게 하였느니라**
**너희 여호와로 기억하시게 하는 자들아 너희는 쉬지 말며**

사 62:6

## 하나님의 나라를 위해

Date/Time . . .

## 나라와 민족을 위해

## 남북한 복음통일을 위해

## 긴급한 열방을 위해

## 한국 교회와 개교회를 위해

## 긴급 기도 요청

# 20

**이 땅을 위하여 성을 쌓으며 성 무너진 데를 막아 서서**
**나로 하여금 멸하지 못하게 할 사람을**
**내가 그 가운데에서 찾다가**

겔 22:30

하나님의 나라를 위해 Date/Time . . .

나라와 민족을 위해

남북한 복음통일을 위해

긴급한 열방을 위해

한국 교회와 개교회를 위해

긴급 기도 요청

# 21

너희 중의 두 사람이 땅에서 합심하여 무엇이든지 구하면
하늘에 계신 내 아버지께서 그들을 위하여 이루게 하시리라
마 18:19

## 하나님의 나라를 위해

Date/Time . . .

## 나라와 민족을 위해

## 남북한 복음통일을 위해

## 긴급한 열방을 위해

## 한국 교회와 개교회를 위해

## 긴급 기도 요청

# 22

예수께서 이르시되 너희는 기도할 때에 이렇게 하라
아버지여 이름이 거룩히 여김을 받으시오며 나라가 임하시오며
눅 11:2

하나님의 나라를 위해 Date/Time . . .

나라와 민족을 위해

남북한 복음통일을 위해

긴급한 열방을 위해

한국 교회와 개교회를 위해

긴급 기도 요청

# 23

**예루살렘이여 내가 너의 성벽 위에 파수꾼을 세우고**
**그들로 하여금 주야로 계속 잠잠하지 않게 하였느니라**
**너희 여호와로 기억하시게 하는 자들아 너희는 쉬지 말며**

사 62:6

하나님의 나라를 위해 Date/Time . . .

나라와 민족을 위해

남북한 복음통일을 위해

긴급한 열방을 위해

한국 교회와 개교회를 위해

긴급 기도 요청

# 24

**이 땅을 위하여 성을 쌓으며 성 무너진 데를 막아 서서**
**나로 하여금 멸하지 못하게 할 사람을**
**내가 그 가운데에서 찾다가**

겔 22:30

하나님의 나라를 위해 Date/Time . . .

나라와 민족을 위해

남북한 복음통일을 위해

긴급한 열방을 위해

한국 교회와 개교회를 위해

긴급 기도 요청

# 25

**너희 중의 두 사람이 땅에서 합심하여 무엇이든지 구하면**
**하늘에 계신 내 아버지께서 그들을 위하여 이루게 하시리라**

마 18:19

## 하나님의 나라를 위해

Date/Time . . .

## 나라와 민족을 위해

## 남북한 복음통일을 위해

## 긴급한 열방을 위해

## 한국 교회와 개교회를 위해

## 긴급 기도 요청

# 26

예수께서 이르시되 너희는 기도할 때에 이렇게 하라
아버지여 이름이 거룩히 여김을 받으시오며 나라가 임하시오며
눅 11:2

하나님의 나라를 위해　　Date/Time　.　.　.

나라와 민족을 위해

남북한 복음통일을 위해

긴급한 열방을 위해

한국 교회와 개교회를 위해

긴급 기도 요청

# 27

**예루살렘이여 내가 너의 성벽 위에 파수꾼을 세우고**
**그들로 하여금 주야로 계속 잠잠하지 않게 하였느니라**
**너희 여호와로 기억하시게 하는 자들아 너희는 쉬지 말며**

사 62:6

## 하나님의 나라를 위해

Date/Time . . .

## 나라와 민족을 위해

## 남북한 복음통일을 위해

## 긴급한 열방을 위해

## 한국 교회와 개교회를 위해

## 긴급 기도 요청

# 28

**이 땅을 위하여 성을 쌓으며 성 무너진 데를 막아 서서**
**나로 하여금 멸하지 못하게 할 사람을**
**내가 그 가운데에서 찾다가**

겔 22:30

하나님의 나라를 위해 Date/Time . . .

나라와 민족을 위해

남북한 복음통일을 위해

긴급한 열방을 위해

한국 교회와 개교회를 위해

긴급 기도 요청

# 29

너희 중의 두 사람이 땅에서 합심하여 무엇이든지 구하면
하늘에 계신 내 아버지께서 그들을 위하여 이루게 하시리라
마 18:19

하나님의 나라를 위해 Date/Time . . .

나라와 민족을 위해

남북한 복음통일을 위해

긴급한 열방을 위해

한국 교회와 개교회를 위해

긴급 기도 요청

# 30

**예수께서 이르시되 너희는 기도할 때에 이렇게 하라**
**아버지여 이름이 거룩히 여김을 받으시오며 나라가 임하시오며**

눅 11:2

하나님의 나라를 위해 Date/Time . . .

나라와 민족을 위해

남북한 복음통일을 위해

긴급한 열방을 위해

한국 교회와 개교회를 위해

긴급 기도 요청

# 한 시간 기도노트


**초판 1쇄 발행** 2020년 3월 4일
**초판 3쇄 발행** 2020년 3월 31일

**지은이** 유기성

**펴낸이** 여진구
**책임편집** 안수경 최은정
**편집** 이영주 김윤향 최현수 김아진 정아혜
**디자인** 마영애 노지현 조아라 조은혜
**기획·홍보** 김영하
**마케팅** 김상순 강성민 허병용
**제작** 조영석 정도봉
**해외저작권** 기은혜
**마케팅지원** 최영배 정나영
**경영지원** 김혜경 김경희

**이슬비전도학교** 최경식
**303비전장학회 & 303비전꿈나무장학회** 여운학
**303비전성경암송학교** 박정숙

**펴낸곳** 규장

**주소** 06770 서울시 서초구 매헌로 16길 20(양재2동) 규장선교센터
**전화** 02)578-0003 **팩스** 02)578-7332
**이메일** kyujang0691@gmail.com
**홈페이지** www.kyujang.com
**페이스북** facebook.com/kyujangbook
**인스타그램** instagram.com/kyujang_com
**카카오스토리** story.kakao.com/kyujangbook
**등록일** 1978.8.14. 제1-22





**책값** 뒤표지에 있습니다.
ISBN 979-11-6504-047-5 03230

이 도서의 국립중앙도서관 출판시도서목록(CIP)은 서지정보유통지원시스템 홈페이지(http://seoji.nl.go.kr)와 국가자료종합목록구축시스템(http://www.nl.go.kr/kolisnet)에서 이용하실 수 있습니다.
(CIP제어번호 : CIP2020008980)


## 규 | 장 | 수 | 칙

1. 기도로 기획하고 기도로 제작한다.
2. 오직 그리스도의 성품을 사모하는 독자가 원하고 필요로 하는 책만을 출판한다.
3. 한 활자 한 문장에 온 정성을 쏟는다.
4. 성실과 정확을 생명으로 삼고 일한다.
5. 긍정적이며 적극적인 신앙과 신행일치에의 안내자의 사명을 다한다.
6. 충고와 조언을 항상 감사로 경청한다.
7. 지상목표는 문서선교에 있다.

하나님을 사랑하는 자 곧 그의 뜻대로 부르심을 입은 자들에게는 모든 것이 合力하여 善을 이루느니라(롬 8:28)


ecpa Member of the Evangelical Christian Publishers Association

규장은 문서를 통해 복음전파와 신앙교육에 주력하는 국제적 출판사들의 협의체인 복음주의출판협회(E.C.P.A:Evangelical Christian Publishers Association)의 출판정신에 동참하는 회원(Associate Member)입니다.